PIG TAKES SELFIES

TEXT AND ILLUSTRATIONS BY TERRY WALTZ

Squid For Brains
Albany, NY

小猪 很 喜欢 自拍。

他在家
自拍。

他 去 动物园 自拍。

他 在 厕 所 里 自 拍 。

小 猪 一 个 人 自 拍 。

他 也 跟 朋 友 自 拍 。

小猪说：「我想要在 Eiffel Tower 自拍！」所以他去 Paris。

在 Paris 小猪看 Eiffel Tower。很好看！小猪很想在 Eiffel Tower 自拍。

美国人很奇怪！

但是 小猪 要 自拍 的 时候...

「你 不 在 你 的 家。你 在 Eiffel Tower!
在 Eiffel Tower 不 可 以 自 拍！」
小猪 的 麻烦 大 了！

小猪 说：「我 想 要 在 Sphinx
自拍！」所以 他 去 Giza。

在 Giza 小猪看 Sphinx。很 难看！小豬 很 想要 在 难看 的 Sphinx 自拍。但是 小猪 要 自拍 的 时候...

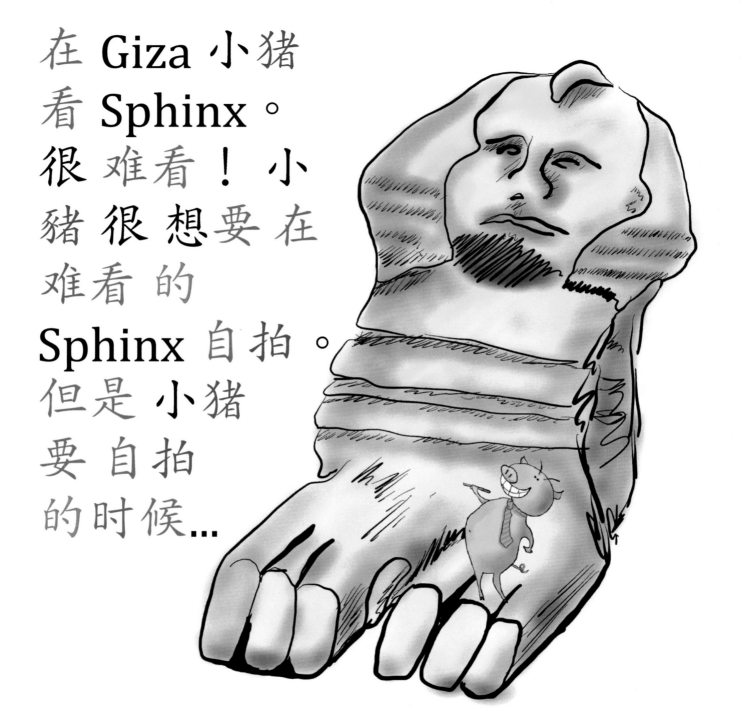

警察就来了！

搶鏡頭！

警察很生气！

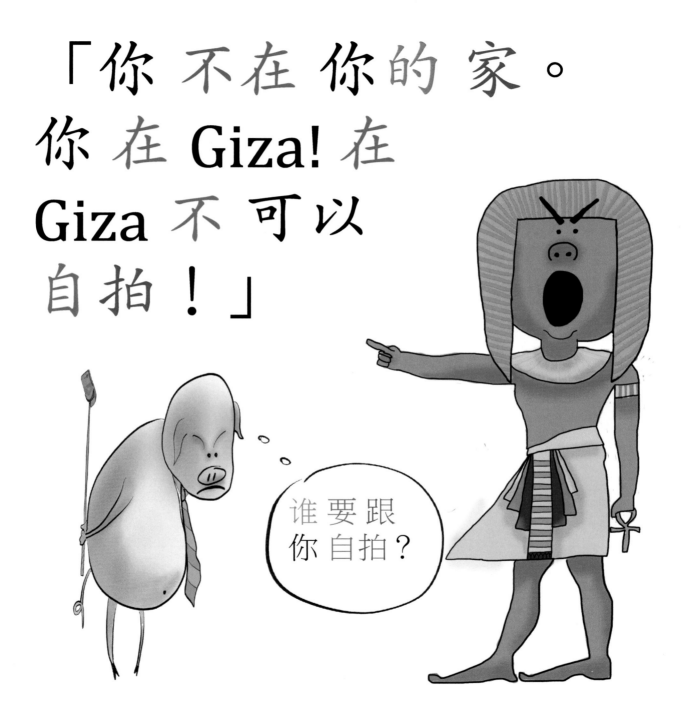

小猪 的 麻烦 大 了 !

小猪 说：

但是 在 Agra 沒有 披萨！

「我 想要 在 Taj Mahal 自拍！」
所以 他 去 Agra。

在 Agra 小猪 看 Taj Mahal。很好看！小猪 很 想要 在 好看 的 Taj Mahal 自拍。

但是 小猪 要 自拍 的 时候...

警察 就 来 了！

自拍人！

警察很生气！

「你不在你的家。你在 Taj Mahal! 在 Taj Mahal 不可以自拍！」

小猪跟警察说：「但是 Taj Mahal 很好看！」

警察说：
「虽然 Taj Mahal 好看，但是你不可以在 Taj Mahal 自拍。」

小猪 跟 警察 说：「Agra 的 警察 很 好看。你們 跟 我 自拍，好不好？」

「好！可以了！」

Glossary

Cèsuǒ (厕所): bathroom

Dàle* (大了): got bigger

DànShì (但是): but

de*shÍHòu (的时候): at the time when...

DòngWùyuáN (动物园): zoo

GĒN (跟): with

GĒN...SHUŌ (跟…说): says to...

hǎoBùhǎo (好不好): okay?

hǎoKàn (好看): good-looking

hěn (很): very

jǐngchÁ (警察): police, policeman

Jìu (就): (sooner-than-expected)

Kàn (看): looks at

kěyǐle* (可以了): It's okay now

láIle* (来了): arrived

lǐ (里): inside

mÁfáN (麻烦): trouble

náNKàn (难看): ugly

pénGyǒu (朋友): friends

Qù (去): goes

SHĒNGQì (生气): is angry

SHUŌ (说): says

SUĪráN (虽然): although

suǒyǐ (所以): therefore

TĀ (他): he

wǒ (我): I, me

xǐHUĀN (喜欢): likes

xiǎng (想): feels like

xiǎngYào (想要): would like to

xiǎoZHŪ (小豬): Little Pig

yě (也): also

YĪge*réN (一個人): alone

ZàiJIĀ (在家): at home

ZìPĀI (自拍): take a selfie

Made in the USA
San Bernardino, CA
13 February 2019